空间思维培养游戏书
北极探险

韩国首尔大学地理教育团 著
（韩）汉承武 绘
志会 译

化学工业出版社
·北京·

The Lost Expedition –Fozen in Time
Text©Seoul National University Geographic Education Team, 2016
Illustration©Han Seung-moo, 2016
All rights reserved.
This Simplified Chinese edition was published by Chemical Industry Press in 2020 by arrangement with Woongjin Think Big Co., Ltd., KOREA through Agency Liang

本书仅限在中国内地（大陆）销售，不得销往中国香港、澳门和台湾地区。未经许可，不得以任何方式复制或抄袭本书的任何部分，违者必究。

北京市版权局著作权合同登记号：01-2020-5249

图书在版编目（CIP）数据

空间思维培养游戏书. 北极探险 / 韩国首尔大学地理教育团著；(韩) 汉承武绘；志会译. — 北京：化学工业出版社, 2020.10

ISBN 978-7-122-37563-6

Ⅰ. ①空… Ⅱ. ①韩… ②汉… ③志… Ⅲ. ①智力游戏—学前教育—教学参考资料 Ⅳ. ①G613.7

中国版本图书馆CIP数据核字(2020)第154181号

责任编辑：刘莉珺　潘英丽　　　　　　　　　　　文字编辑：李　曦
责任校对：边　涛　　　　　　　　　　　　　　　装帧设计：史利平

出版发行：化学工业出版社（北京市东城区青年湖南街13号　邮政编码100011）
印　　装：北京瑞禾彩色印刷有限公司
880mm×1092mm　1/16　印张3$\frac{1}{2}$　2021年1月北京第1版第1次印刷

购书咨询：010-64518888　　　　　　　　　　　　售后服务：010-64518899
网　　址：http://www.cip.com.cn
凡购买本书，如有缺损质量问题，本社销售中心负责调换。

定　价：36.00元　　　　　　　　　　　　　　　　　　　　　　版权所有　违者必究

作者寄语

观察一下，你周围都有什么？放在桌子上的铅笔和书，放在房间角落里的玩具，房子外面空地上直立的大树和行驶中的汽车，卖美味面包的面包房，等等——你会发现各种各样的物体和场所。物体和场所都被安置在一定的位置，也占据了一定的空间。对物体占据的空间及其位置变化的思考被称为"空间思维"。

我们可以通过很多活动来锻炼空间思维。首先，在心里想象一下物体移动、变换位置的情景。对于体积小、方便移动的物体，你可以亲自动手移动并观察；对于大树这类不方便移动的物体，试着想象一下它们移动时的形态。这样，你就可以很自然地培养出空间思维能力了。其次，改变观察物体时的位置，通过观察发现物体的不同面。通过站在不同位置，看到物体不同的面，你可以学习距离、方向等基本空间概念。最后，以家为中心，思考一下附近的便利店在什么位置、铅笔在桌子的什么位置等等，以便了解一个空间与另一个空间的关系，这也是培养空间思维的一种方法。

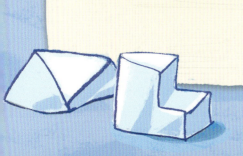

为什么培养空间思维很重要呢？美国最新研究表明，把握空间的视觉化能力能够有效地用创意解决问题，而且空间思维被认为是学习数学、科学、地理等学科所需具备的基本能力，非常重要。因此在正式上学之前的5~7岁，最好先对空间思维进行认知体验和培养训练。

本书力求通过简单有趣的方式让孩子们学习什么是空间思维，如何对孩子们进行空间思维培养。小主人公在一个全新的地方遇到了各种各样的问题。孩子们在读这类冒险故事的同时，也能够置身其中，愉快地解决空间问题。通过反复遇到问题，解决问题，孩子们可以在不知不觉中了解空间思维是什么。另外，也可以在平时经常经过的路上，或者游乐场、公园等熟悉的场所进行创意想象旅行，这样也可以培养空间思维。

作者：韩国首尔大学地理教育团
柳载明　金杞南　李东敏
咸景林　权恩珠　姜孝善

目录

本书使用方法	2
炎热的夏季，向北极出发！	4
看，雪花！	5
发现可爱的熊宝宝！	6
建造冰屋	8
穿越冰溪谷	10
通过冰隧道	12
吧唧吧唧，美味的冰激凌	14
找找哪个是我？	16
北极熊出现啦！	18
嗖嗖，乘坐雪橇	20
抓鱼	22

寻找消失的鹿角	24
去涅涅茨人家！	26
像面包一样的山	28
亲切的涅涅茨人	30
看，五颜六色的极光！	32
出发，向北极！	34
跟着箭头前进	36
画作礼物	38
独角鲸，你好！	40
终于找到船！	42
再见，独角鲸！再见，北极！	44
子豆的北极故事	46
北极探险解答	48
北极探险证书	50

本书使用方法

为北极探险提前做准备！

1. 看这本书时，需要准备的东西？

提前准备好铅笔或彩笔。这是与书中的主人公一起解决问题的必需品。

2. 一边想象，一边读。

书中故事讲了主人公在北极的冰天雪地里进行的一次冒险经历。仔细阅读，边读边想象一下与主人公一起探险的情景。

3. 仔细阅读主人公需要解决的问题！

解决问题后主人公才能去下一场所。仔细阅读问题，帮主人公一起想办法。

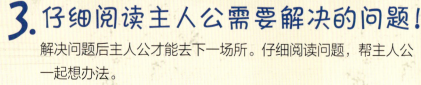

4. 解决问题！

先看整体，再找局部
整体与局部是一个大的范围。想一想缺失的部分与整体的模样或颜色有什么联系？

在不同角度或位置观察
试着从不同角度和位置进行观察。

比较长短和距离
在固定的环境中，比较两个事物的不同。

了解相对距离和方向
从哪条路走更近，将距离与方向结合起来思考。

调转方向
先在头脑中想象改变方向后的样子。

走迷宫
想一想应该走哪条路，用线画出来。

5. 正确答案放最后！

即使你很想知道自己的答案对不对，也一定要在读完全部内容之前忍住。
自己做完全部题后，再看正确答案吧！

炎热的夏季，向北极出发！

哈哈，放暑假啦！
子豆一家打算去叔叔生活的北极圈旅行。
叔叔在北极科考基地里研究当地的自然环境。
去北极地区的路程遥远。
大海无垠，越靠近北极越冷。
不知不觉中水平线那边太阳落山了。

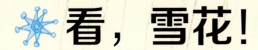 看，雪花！

天亮了，船继续在大海上前行。
"咦，下雪了吗？"
窗外雪花纷扬。
子豆打开窗户，将雪花晶体合在一起，
制作出很多漂亮的图形。

打开窗户，将两片雪花晶体合在一起会变成什么图形呢？找出正确的图形圈出来。

发现可爱的熊宝宝!

船行驶得越来越慢,终于停了下来。
妈妈说:"冰融化后在海上随处漂着。
原来是因为冰的原因,船才停了呢。"
子豆来到甲板上,向四周望了望。
"哇,熊宝宝。"
子豆想离近点看看熊宝宝,
下了船追向熊宝宝。

建造冰屋

但是眨眼间,熊宝宝就跑开了。

子豆不知道该去哪里找它。

走了一会儿,她发现有人在建造冰屋。

"这块冰合适吗?那块冰合适吗?"

人们因为找不到合适的冰块,手里在不停摆弄。

子豆向这些人打招呼。

"我帮你们一起找冰块吧。"

找出正确的贴画,贴在图中合适的位置,完成冰屋的建造。

穿越冰溪谷

"谢谢你。多亏了你,我们才顺利完成冰屋的建造。但是你这是要去哪里呢?"

"我在追熊宝宝,您看到熊宝宝了吗?"

"坐上雪橇,顺着这条路一直走就可以看到了。海冰裂开会产生很多冰溪谷,小心别掉下去。"

"谢谢您!"

子豆想要穿越冰溪谷的话,应该选哪种雪橇呢?找出正确的雪橇,并圈出来。

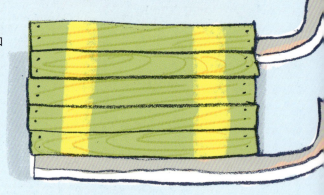

通过冰隧道

子豆坐着雪橇走了好久,
哎呀呀,掉进了深深的冰隧道里。
"啊呀,这是哪?"
子豆摸着摔疼的屁股,四处张望。
眼前有四条隧道,
要想从这里出去,需要通过隧道才行。
"好,决定了!"
子豆虽然害怕,但也咬牙进入隧道。

请画出子豆可以出去的路线。

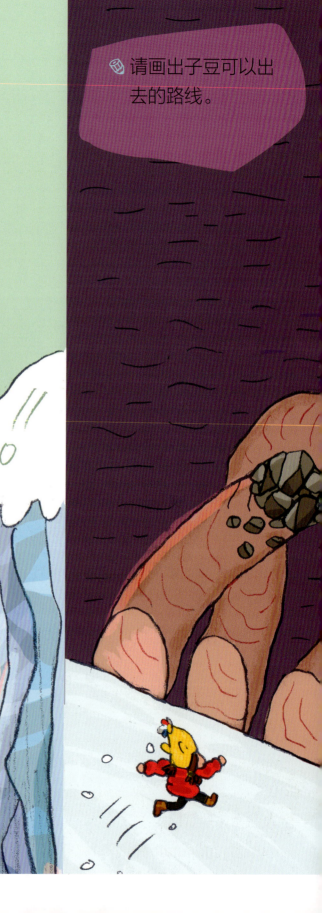

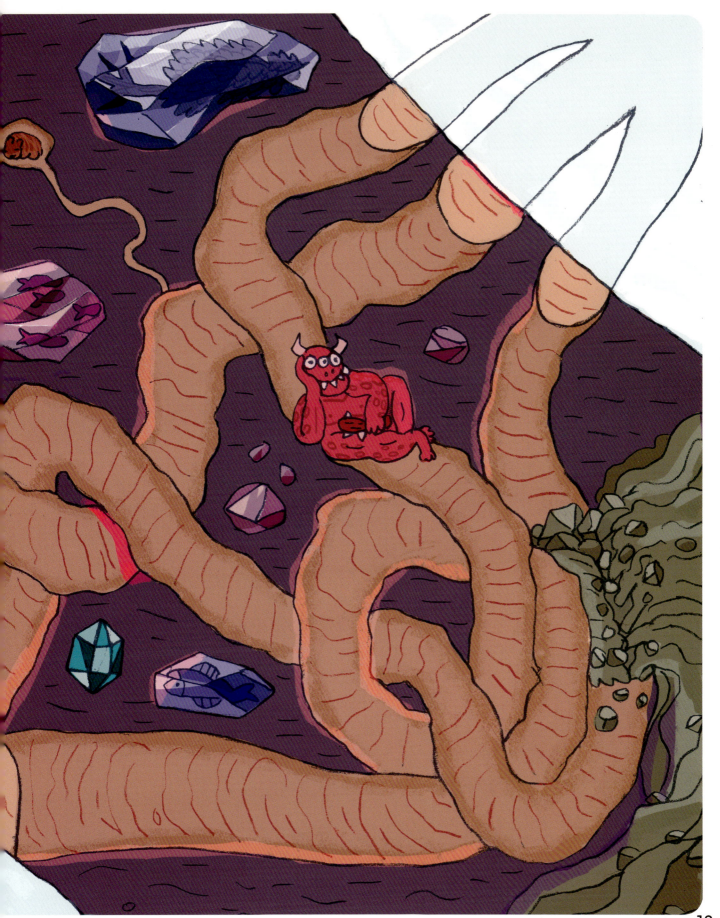

吧唧吧唧，美味的冰激凌

子豆从冰隧道冲出来后，
眼前出现了巨大的冰激凌山和
一个可怕的巨人。
巨人一边挖冰激凌山吃，一边说：
"嗯，很好吃。但是不可以被其他巨人发现！"
子豆躲避着巨人，悄悄地逃走了。

找找哪个是我？

子豆看了看身后，

"巨人没有追过来吧？"

没看到巨人的庞大的身子，子豆这才喘了口气。

"嗯，好渴。"

子豆走到湖边喝水。

"哇，水跟冰激凌一样甜呢。"

这湖水是冰激凌山融化后形成的。

北极熊出现啦!

子豆为了寻找北极熊宝宝又出发了。
走了好久,看到远处有白色的毛茸茸的东西在动,
那不就是北极熊宝宝吗?
"哈!我找到北极熊宝宝啦!"
子豆一想到马上就可以近距离看到北极熊宝宝了,
变得很心急。
这时刚好看到附近有被丢弃的雪橇。

嗖嗖,乘坐雪橇

"哇!好开心。"
子豆驾着雪橇一路向下嗖嗖滑去。

④ 如果想在最短的时间内找到熊宝宝,应该走哪条路,请用线画出来。

抓鱼

"你好,熊宝宝们。我是子豆。"
"你好!我叫贝儿。"
"我叫贝宝!我们现在要去抓鱼,要一起去吗?"
"嗯,好呀!"
子豆跟着熊宝宝贝儿和贝宝一起去抓鱼。
"看到冰上的窟窿了吗?只要把手放进窟窿里,就可以抓到鱼。"
子豆走过来走过去,不时看看窟窿里面。
她想帮帮熊宝宝们。

在可以抓到最多鱼的窟窿旁边贴上熊脚贴画。

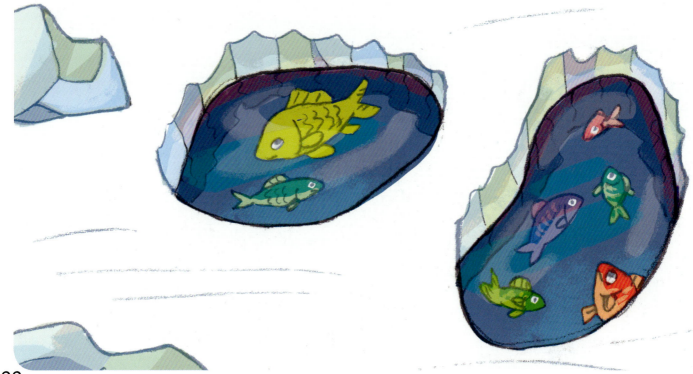

🔍 寻找消失的鹿角

跟熊宝宝玩了一会儿,子豆突然想爸爸妈妈了。

现在需要寻找回到船上的路。

子豆跟熊宝宝们分开后,走了很久,发现了一只驯鹿。

"驯鹿,你在找什么吗?"

"我的一只鹿角丢了。"

"啊,怎么会这样,我帮你一起找吧。"

子豆在雪地里发现了什么?

"找到啦!驯鹿,这是你的鹿角吗?"

🔖 子豆找到的鹿角是什么形状?
请你在贴画中找到,贴在驯鹿的鹿角上。

去涅涅茨人家！

"子豆，谢谢你帮我找到鹿角。你现在要去哪里？"驯鹿问道。

"我迷路了。天黑之前要找个睡觉的地方。"

"我们驯鹿在冬季以苔藓为家，到处搬家。跟我们一起走，去找涅涅茨人吧，他们会留宿你一晚。"

"涅涅茨人？怎么找到他们？"

"跟着我的脚印来吧。"

子豆顺着地上驯鹿的脚印出发了。

为了子豆能够安全顺利地沿着驯鹿的脚印走，请用线把脚印连起来。

像面包一样的山

这时子豆面前出现一座高山。

子豆爬上山后俯瞰山下,能看到对面的低山。

她感叹山的神奇,

"跟我喜欢吃的面包长得一样。"

亲切的涅涅茨人

爬上山后虽然没看到船，但看到不远的地方炊烟袅袅。

下山后，子豆鼓起勇气喊："有人在吗？"

刚好这时碰到抓鱼回来的涅涅茨人。

"我在去找爸爸妈妈的路上。

天越来越黑了，请您留宿我一晚吧。"

涅涅茨人爽快地点点头答应了。

看，五颜六色的极光！

子豆和涅涅茨人共进晚餐。
在院子里点着篝火吃晚餐尤其美味。
夜晚的天空中开始了耀眼的表演。
"哇，好漂亮！"
"这是极光。大自然的礼物。"
极光真的很神奇。
"那束极光好像某种动物！"

猜猜子豆看到的极光像什么动物?

出发,向北极!

第二天早晨,

"子豆,我们现在要跟随驯鹿去南边,你拿着这个指南针吧。"

一位涅涅茨叔叔把指南针放在子豆手里。

"哪边是北?"

"指针的红色三角指的方向是北。"

"那边有山的方向是北吗?"

"对!"

跟着箭头前进

"拿着这幅地图。
希望你能找到妈妈、爸爸。"
涅涅茨叔叔把地图给了子豆。
"沿着地图上的箭头走,
可以找到大海。"
"谢谢!"

请小朋友先跟着图中的箭头走一走。找出在北极见不到的动物。请问一共有几种在北极见不到的动物?

☐ 种

画作礼物

"你们帮我指路,
我也有礼物想送给你们。"
子豆在分别时感到不舍,
认真地为涅涅茨人画了画像。
子豆非常喜欢画画。
"这是我送给你们的礼物。
再见!"

从贴画中选出涅涅茨人需要的东西,给他们贴上。

独角鲸,你好!

子豆拿着指南针和地图出发了。
一路向北,在靠近大海的地方看到独角鲸。
独角鲸们在躲避掉落的冰块。
"独角鲸,你受伤了吗?"
"我弟弟被冰块砸中,尾巴受了伤。"

图中独角鲸一共有几只？在空白处填写数字。

☐ 只

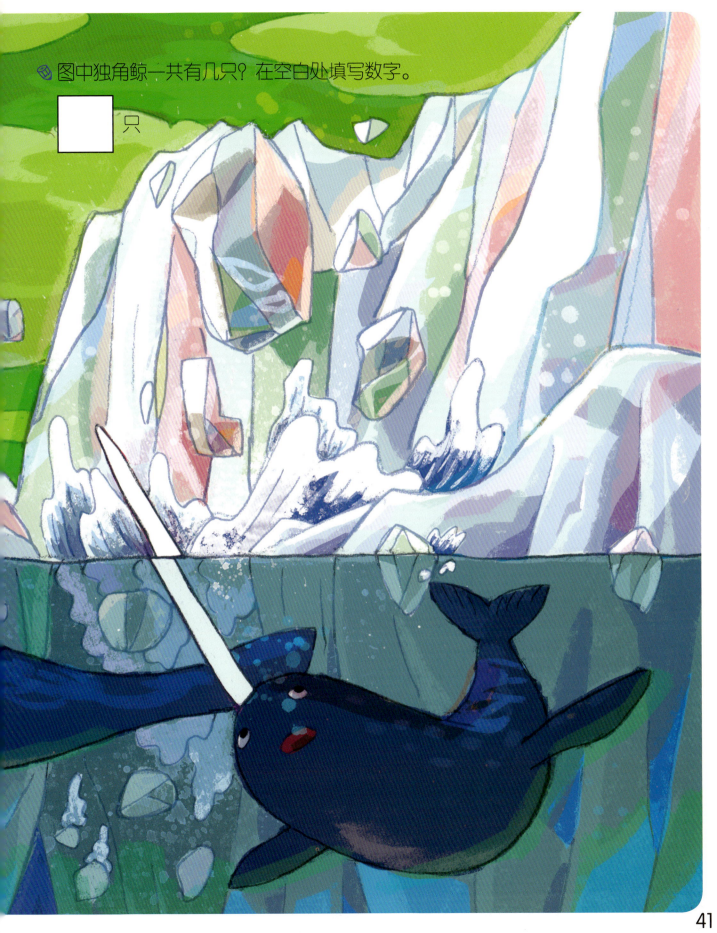

终于找到船!

"如果找到我的船,船上就有能为你弟弟治疗伤口的医生……"

"船吗?昨天好像在那边的海岸看到一只大船。到我背上来,我带你去。"

"你看到船了吗?真的可以带我去吗?那就拜托了!"

坐在独角鲸背上,子豆的心情就像坐上了火箭一样。终于看到了远处停泊的船。

"妈妈,爸爸!子豆回来了。"

再见，独角鲸！再见，北极！

多亏了独角鲸，子豆顺利回到船上。

尾巴受伤的独角鲸弟弟也接受了治疗，恢复了健康。

"子豆，谢谢。我弟弟康复了。"

"独角鲸，谢谢你！多亏了你们，我才能跟妈妈、爸爸团聚。"

子豆乘坐的船再次启航。

子豆永远都不会忘记这次北极之旅。

子豆的北极故事

北极地区是一个冬天很长,夏天很短,非常寒冷的地方。北冰洋是一片浩瀚的冰封海洋,周围是众多的岛屿及亚洲、欧洲和北美洲的永久冻土区。

冰川

北极地区有大面积的陆地冰川或冰原。冰川是天然的冰体,经过多年积雪、压实、结晶、冻结等过程形成。

冰屋

在北极地区居住的因纽特人用冰建造的房子。用合适硬度的冰块裁切成砖块形状,垒成圆形构造后填补空缺。然后留出门和窗户,再做一个玄关,圆拱形冰屋就完成了。

冰隙(冰溪谷)

冰川融化或裂开生成的裂缝被称为冰隙。裂开的缝隙深度可达几百米,在冰河上行走时要特别小心。

驯鹿

驯鹿的皮毛非常厚,即使是在北极地区也能抵御严寒。驯鹿头上的特角每年都会脱落后重新长出。

涅涅茨族

涅涅茨是"人"的意思。他们是生活在西伯利亚北部苔原地带的一个民族。以鱼和驯鹿肉为食，用驯鹿的皮毛做衣服和鞋。

北极熊

北极熊的毛有两层。里面的毛很密，外面的毛被水浸湿后会粘在一起，避免水沾到身上。它有厚厚的脂肪层，即使是极寒的天气也能挺住。

极光

来自宇宙的电粒子在地球外部与空气碰撞后发光的现象。极光的拉丁文名字是"伊欧斯"，来源于希腊神话中的太阳神阿波罗的妹妹的名字。

独角鲸

身长3~5米，以15~20只群居为主。左边的一个牙齿长得很长，看起来像犄角一样。只有雄性的牙齿长得很长，雌性的牙齿不会长长。

北极探险解答

如果是孩子自己找到的答案,即使与正确答案不同,也应该给予肯定,为什么?因为孩子自己思考并想象的过程很重要。

5页 看,雪花!

8—9页 建造冰屋

10—11页 穿越冰溪谷

12—13页 通过冰隧道

14—15页 吧唧吧唧,美味的冰激凌

16—17页 找找哪个是我?

20—21页 嗖嗖,乘坐雪橇

22—23页 抓鱼

24—25页 寻找消失的鹿角

26—27页 去涅涅茨人家!

28—29页 像面包一样的山

32—33页 看,五颜六色的极光!

34—35页 出发,向北极!

36—37页 跟着箭头前进

 3种

38—39页 画作礼物

40—41页 独角鲸,你好!

 4

49

北极探险证书

小探险家＿＿＿＿＿＿＿＿

以上小朋友饶有兴致地探索北极，通过了空间思维训练课程。特此颁发结业证书。

年　月　日

探险学校校长